I0419550

VENDI BENE LA TUA CASA

11 consigli professionali per non perdere soldi dalla vendita del tuo immobile

ClientiCasa.it

Sommario

PREFAZIONE

Sono Charlie Cinolo, classe '86, nato e cresciuto a Milano, dove attualmente vivo e lavoro.

Ho avuto diverse esperienze professionali nella mia vita che mi hanno permesso di crearmi un background importante e di ampie vedute.

Sono sposato e ho 2 figli, vivo tutt'ora a Milano, e mi piace definirmi un imprenditore del Settore Immobiliare.

Sono un Agente d'Affari in Mediazione, mi occupo sia di intermediazioni di compravendita tradizionali sia di investimenti.

Infatti sono specializzato in operazioni di Saldo e Stralcio, acquisti in Asta e Crediti Ipotecari.

Negli ultimi 4 anni ho venduto più di 100 immobili.

Insieme ad altri soci, 2 anni fa, abbiamo fondato ClientiCasa.it. In realtà la prima a nascere è stata AsteImmobiliari.info, una società di consulenza per chi vuole comprare immobili in asta.

Il nome ClientiCasa.it nasce dalla volontà di metter il cliente al centro del nostro progetto; al centro del primo Centro Multiservizi Immobiliari (CMI SRL).

Le 2 ragioni per le quali ho deciso di scrivere questo libro sono:

la prima per presentarmi come professionista, mettendo subito a disposizione le mie conoscenze, la seconda dare consigli utili e gratuiti a chi vorrà leggerlo se veramente interessato a saperne di più.

È stato scritto non con l'ottica di scrivere un manuale, quindi non sarà un elenco di istruzioni, ma sarà una narrazione discorsiva con l'obiettivo di raccontare in maniera chiara ed esaustiva tutto ciò che è di mia conoscenza.

Vorrei darti dei consigli pratici per riuscire a vendere casa nel più breve tempo possibile e al miglior prezzo possibile.

Adesso, scopri come vendere o comprare la tua casa senza perdere tempo, in totale sicurezza e tranquillità ed al miglior prezzo di mercato!

INTRODUZIONE

COME VENDERE VELOCEMENTE CASA OGGI

ClientiCasa.it nasce dall'esperienza pluriennale dei suoi soci e collaboratori nella gestione di compravendite e patrimoni immobiliari.

Dopo aver avuto un'importante esperienza in un grande gruppo di franchising immobiliare, è stata fatta la scelta di creare una nuova realtà, che potesse offrire ai clienti un'innovativa offerta di servizi e di opportunità, non parlando di immobili, ma di persone.

Due anni fa abbiamo creato un Nuovo Centro Multiservizi Immobiliari per dare la possibilità a chiunque entri in contatto con noi di avere una risposta chiara e concreta alla sua esigenza immobiliare e finanziaria.

I servizi offerti sono intermediazione, consulenza legale immobiliare, consulenza in aste immobiliari, investimenti immobiliari, pratiche di esdebitazioni o saldo stralcio, consulenza finanziaria per mutui e leasing, ristrutturazioni, home staging e molto altro.

Ci sarà una risposta precisa ad ogni tua domanda, da un responsabile di ogni settore.

Per presentarci al meglio a chi non ci conosce già ho scritto questo libro con lo scopo di aiutare tutte quelle persone che hanno deciso di vendere o comprare un'abitazione.

La casa è spesso il bene di maggior valore che hai a disposizione e venderla è probabilmente una delle decisioni più importanti della tua vita.

Grazie a questo piccolo libro, scoprirai come proteggere e far fruttare il tuo investimento più importante senza stress, mantenendo il controllo della situazione e guadagnando il più possibile.

All'interno troverai consigli tecnici ma anche pratici per consentirti di avviare una compravendita immobiliare e portarla a termine alle migliori condizioni di mercato.

Com'è cambiato il mercato immobiliare negli ultimi 10 anni?

Se andiamo a guardare i dati dell'Osservatorio Immobiliare dell'Agenzia delle Entrate degli ultimi 10 anni, si evince che sia stato il 2006 l'anno migliore per il mercato immobiliare italiano.

È infatti proprio in questo anno che si è raggiunto il picco massimo di transazioni immobiliari, con un punto massimo di oltre 870.000 compravendite.

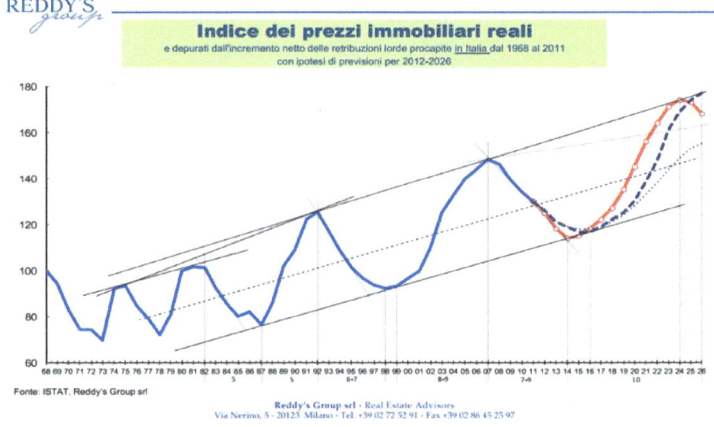

Il notevole aumento della domanda è stato dettato da una maggiore facilità di accesso al credito da parte di tutti e specialmente delle famiglie, con richieste di mutui e prestiti spesso erogati dalle banche con eccessiva facilità, anche perché ancora non condizionati da quelle che sono oggi le note, attuali, rigide direttive europee.

In quegli anni le banche sono arrivate a erogare fino al 150%, minando in maniera importante le basi del mercato immobiliare.

Questa corsa agli acquisti ha causato un notevole aumento dei prezzi degli immobili che è persistito anche negli anni successivi al 2006, nonostante il calo delle compravendite. La gente era completamente impazzita e offriva prezzi completamente fuori da ogni logica.

La maggior parte della popolazione, infatti, non aveva ancora percepito la difficoltà del mercato immobiliare o la bolla cui stava andando incontro.

Fu due anni dopo, nel 2008, che le vendite delle case iniziarono a scendere.

Infatti dal 2008, quando ci fu il fallimento Lehman Brothers negli States, ha inizio la crisi e da lì in poi le compravendite immobiliari si sono praticamente dimezzate e i prezzi al metro quadro diminuiti del 30% medio.

Il mercato immobiliare Italiano è andato incontro a una fortissima recessione.

A fronte di un'offerta aumentata in maniera esponenziale si è avuta una drastica riduzione della domanda.

Quindi, sintetizzando quanto sopra in un messaggio semplice e chiaro, si può dire che c'erano molte persone disposte a vendere e molto poche disposte a comprare.

Di fronte a questa situazione di crisi delicata, oggi giorno c'è da chiedersi se vendere casa sia solo un'utopia, una possibilità remota o se invece c'è ancora qualche possibilità di vendere e concretizzare al meglio.

Sicuramente in Italia è ancora possibile vendere qualsiasi tipo di immobile, soprattutto se consideriamo che il principale sogno degli italiani è di avere una casa di proprietà. L'Italia è il paese europeo con il più alto numero di proprietari singoli.

L'unico problema è adeguarsi ai prezzi di mercato di riferimento della città e del periodo.

Bisogna ricordarsi sempre che al giusto prezzo si vende qualsiasi cosa.

A differenza degli anni in cui il boom dell'edilizia permetteva vendite a prezzi esorbitanti, oggi più che mai è di primaria importanza fare una corretta valutazione per dare il giusto prezzo all'immobile.

Sono quindi necessarie determinate condizioni come giusto prezzo, giusto marketing e giusta presentazione.

Spesso chi vende non intende adeguare il prezzo alla quotazione di mercato di riferimento e tale presa di posizione, a volte molto discutibile, non fa altro che allungare i tempi della vendita o addirittura svalutare il valore della casa stessa.

Poiché nel 2014 il numero delle transazioni ha iniziato leggermente a risalire, si può iniziare a pensare che nel futuro i prezzi reali degli appartamenti potrebbero lentamente risalire, come si evince dai nuovi dati del 2017-2018.

Il calo del mercato immobiliare è stato continuo ogni anno, con una discesa più accentuata nel 2008 e nel 2009, poi c'è stata una piccola ripresa nel 2010 smorzata però negli anni successivi e, ancora, una lieve ripresa all'inizio del 2015.

Alcuni studi, tuttavia, indicano addirittura il 2022 quale anno della reale ripresa del mercato immobiliare con conseguente aumento dei prezzi degli immobili.

Noi come la maggior parte degli esperti del settore, riteniamo, infatti, che la fase di forte recessione e la crisi economica, che dura ormai da diversi anni, ed è considerata la più difficile nell'ultimo secolo, non sia ancora del tutto terminata.

Ciò che ci deve far riflettere maggiormente è il deciso ridimensionamento negli ultimi anni delle compravendite residenziali in Italia. A fine 2013, infatti, il livello di compravendita è stato pari a quello di circa 30 anni fa.

Comunque, la flessione dei prezzi delle abitazioni è ormai terminata.

Uno dei più grandi motivi della crisi del settore immobiliare è stata la chiusura dei rubinetti da parte degl'istituti di credito.

Nonostante le famiglie italiane abbiano una buona solidità finanziaria sono state soggette ad una delle più importanti strette sul credito imposto dalle banche.

Rispetto al resto d'Europa, in Italia lo spread sui mutui è cresciuto in modo più consistente e i parametri per l'accesso sono diventati quasi impossibili da rispettare.

Le banche, in pratica, comandate dalle direttive europee, negli ultimi anni hanno messo in condizione di acquistare casa solo al

le persone che effettivamente dispongono già di una buona liquidità o dei redditi certi.

Tali paletti, imposti dagli istituti di credito, ancora oggi rendono particolarmente difficoltoso l'accesso ad un mutuo da parte di molte famiglie, impedendo di fatto l'acquisto di un appartamento a tantissime persone desiderose di acquistarlo.

Dobbiamo ribadire infatti che gli italiani amano ancora il mattone come forma d'investimento e di risparmio.

È ancora il miglior bene rifugio.

Questo è senz'altro percepibile facilmente da chi lavora quotidianamente nel settore immobiliare.

Sicuramente questo libro ti sarà utile come lo è già stato per tante altre persone che l'hanno già letto, per concludere alle migliori condizioni di mercato la compravendita di un immobile.

Charlie Cinolo – CoFounder di ClientiCasa.it

VENDERE

Cose da fare e non fare

Guardo decine di immobili a settimana per via della mia duplice professione e solo con gli errori evidenti commessi da chi propone in vendita il proprio immobile sono stato in grado di riportarvi di seguito cosa non fare se vuoi vendere la tua casa velocemente. In questo capitolo mi divertirò a raccontarti gli errori più comuni con l'unico obiettivo di darti informazioni preziose e metterti in condizione almeno di sapere quante chance hai di vendere con profitto la tua casa.

Senza neanche bisogno di dirlo, facendo l'esatto opposto sarai in grado di differenziarti dal resto dei venditori presenti nella tua zona.

È doveroso premettere che quando si mette in vendita un immobile, tramite la pubblicità, andrai a posizionare il tuo bene all'interno del mercato di riferimento di quella zona e verrà messo a confronto con altre decine di case già proposte sul mercato.

Inizia una sfida di ricerca e selezione. In questo periodo di crisi di mercato è pieno di annunci immobiliari e devi sapere che la tua casa, nel 90% dei casi, non è speciale, né unica, a prescindere da quanti sacrifici ti è costato acquistarla in passato. È una delle tante presenti in questo momento sul mercato e verrà dettagliatamente analizzata dai potenziali acquirenti.

Lo sai anche tu che non sei il solo che vuole vendere il proprio immobile.

Metter in vendita in base alle proprie esigenze economiche è forse l'errore più grave anche se comprensibile.

Molti hanno bisogno di una determinata somma in denaro per una determinata esigenza e fanno coincidere il prezzo del proprio immobile con la propria necessità economica.

Purtroppo, o per fortuna, non funziona proprio così!

Eppure da agente immobiliare, quando chiedo ad un cliente perché vuole vendere e come mai richiede quella cifra mi sento rispondere spesso:

o   Perché devo ricomprare una casa più grande e non voglio aggiungere soldi
o   Perché devo ricomprare e non voglio fare mutuo troppo alto o non farlo proprio
o   Perché voglio una casa con l'ascensore nella stessa zona
o   Perché voglio comprare in una zona migliore, più centrale

Si tratta quindi di una motivazione prettamente economica, basata non su stime a mq, ma solo su esigenze personali di quel momento.

È evidente che questi tipi di venditori sono alla ricerca del classico o fantomatico straniero, cinese, russo o "pollo" che gli faccia realizzare i propri sogni.

Purtroppo per loro, in questo momento di mercato e con la possibilità al giorno d'oggi di reperire facilmente informazioni sul web, le probabilità di riuscita sono bassissime e simili ad una vincita al Superenalotto.

Il risultato di questo tentativo? Zero visite all'immobile e le uniche volte che squilla il telefono dall'altra parte c'è sempre un'agenzia immobiliare che chiede informazioni sulla casa per poterla vedere, ma di acquirenti state certi che non ne vedrete neanche l'ombra.

Mettere in vendita in base a valutazioni personali è un altro errore comune, come lo è, credere che la nostra casa sia diversa dalle altre, tipo:

o   L'ho pagata 200.000 euro nel 2007 e l'ho ristrutturata tutta. Ho speso 50.000 euro. Ora non può valere meno di 200.000 euro!!!
o   Mio cognato ne ha comprata una simile anni fa ed era più brutta della mia e quindi non può che valere questa cifra.

11

o   Il vicino di sotto ha venduto a 200.000 euro, ma la mia ha il parquet e quindi non può valere meno di 200.000 euro.

o   Il mio idraulico mi ha detto di non vendere a meno di 300.000 €

Potrei continuare, ma può bastare poco per comprendere che per vendere un immobile servono altri riscontri e dati reali e le valutazioni personali sono dettate puramente da "egoismo", "necessità di realizzare di più" e purtroppo anche "ignoranza". Anche in questo caso il mercato è pieno di case messe in vendita con questo criterio!

Risultato? Tante chiamate da agenzie e ovviamente nessuna offerta concreta.

A volte il prezzo richiesto è anche deciso in base a questioni affettive. Anche se può sembrare assurdo, questa motivazione è reale e spesso utilizzata in caso di successione.

Ecco alcune di queste storie:

o   Io la casa dove ha vissuto mia madre quando era in vita non la svendo!

o   Mio padre ha impiegato 25 anni per pagare il mutuo di questa casa e se la vendessi a meno sarebbe come non rispettarlo

o   L'orto di questa casa è fantastico e i miei nonni ci tenevano tanto, non posso svendere

Sembrerà un po' eccessivo, ma capita e non facilita di certo la compravendita.

Anche in questa situazione è scontato che ci saranno poche visite all'immobile e nessun risultato.

Abbiamo visto per ora gli errori più comuni commessi sul prezzo.

Vi spiego ora errori ancora più gravi che vi fanno perdere denaro e tempo per la vendita.

Affrontiamo casi di persone che richiedono cifre vicino al prezzo di mercato, ma non riescono comunque a realizzare quello che vogliono ed hanno la casa in vendita da mesi senza nessun riscontro. I clienti vanno a vederla, ma nessuno gli fa una proposta. Come mai?

Il vero problema è non aver mai fatto una stima reale di mercato. Questo forse è il principale problema. A volte ci piace mettere la testa sotto la sabbia e dare la colpa della mancata vendita alla crisi, al mercato in calo o che non danno più mutui. Ma il mercato immobiliare c'è sempre anche se è calato il numero di compravendite, gli immobili si sono sempre venduti.

Quindi Il problema potrebbe essere ancora un altro! Purtroppo si pensa che il valore del mercato cresca sempre. Sì, certamente su asse temporale di 50 anni, i prezzi sono sempre cresciuti, ma se prendiamo in esame periodi temporali più corti, purtroppo anche le case si svalutano.

Quindi attualmente forse siamo legati ai prezzi del 2005 – 2007 quando i valori al metro quadrato degli immobili erano all'apice del rialzo.

Quindi cosa fanno molti proprietari? Pensano che il prezzo sia sempre quello di qualche anno prima e magari aggiungono anche un extra al prezzo, perché è troppo poco e pensano che il valore delle case aumenti sempre.

Poi nessuno viene a vedere la casa e i proprietari andando nel panico, invece di affrontare la situazione, cercando il problema, trovano delle scuse, come:

- Non ho fretta
- Non ho bisogno di vendere
- Colpa della crisi

- Non danno mutui
- Sono sfortunato
- L'agenzia non è capace
- Piuttosto di regalarla me la tengo
- Non svendo il mio immobile

Ovviamente sono solo scuse che non aiutano a vendere.
Ad ogni modo devi sapere che il mercato immobiliare è come la borsa. Si muove più lentamente, ma si muove.

Come già detto, dal 2007 è iniziata una lunga fase negativa, di ribasso ed in 7 anni il mercato immobiliare ha avuto un calo che ha portato un crollo dei prezzi anche del 50 % in alcune zone popolari o periferiche e in piccoli centri urbani.
Quindi naturalmente oggi il borsino immobiliare ha una quotazione diversa rispetto al 2007!

Ma se chiedi i prezzi di quell'epoca, (2007/2010) come fai a vendere? Purtroppo non piace la cruda verità, specialmente se è brutta! E' più comodo trovare scuse.
Il mediatore prova sicuramente ad indicare la strada giusta, ma si è sempre pronti a criticare la valutazione e affidiamo l'incarico all'agente che la valuta di più!

Confondendo una valutazione con un'offerta.
Salvo poi criticare anche quest'ultimo perché non ha portato nessuno a vedere la casa.

Quando faccio una valutazione immobiliare, vado a vedere personalmente l'immobile. Se non conosco la zona, faccio un giro più ampio per apprezzarne i servizi o capire se ne mancano.

Studio sempre la zona dove si vuole vendere e al fine di riscontrare ciò che il mercato ci dice:

1. Quanti immobili della stessa tipologia ci sono in vendita nella stessa zona di riferimento? (raggio max 500 metri)
2. Da quanto tempo l'immobile è stato pubblicato?

3. Quali sono i prezzi medi di compravendita della zona al mq?

Se un immobile è in vendita da oltre 7 mesi a un prezzo euro a mq giusto, in ordine e ben presentato, in che modo è possibile ottenere una cifra un po' più alta?

Si potrebbero inserire alcuni optional potenzianti nell'immobile, tipo l'aria condizionata, lampade che danno la giusta atmosfera, interruttori nuovi, ecc.

Tutto questo può aiutare a massimizzare a realizzare il prezzo di vendita, ma non illudiamoci di prendere più di 20.000 euro rispetto al valore dato in precedenza.

Quindi Il venditore dovrà fare una scelta risolutrice o accetta di vendere al prezzo attuale, oppure decide di dare in locazione l'immobile ed attendere qualche anno prima di venderlo a un miglior prezzo, sempre che il mercato gli dia ragione nel tempo.

Non bisogna perdere tempo perché è un bene troppo prezioso per tutti e se non si ha necessità, è giusto utilizzarlo al meglio facendo la scelta migliore in quel momento in attesa di momenti migliori.
E' sempre sbagliato mettere la testa sotto la sabbia e dare la colpa alla crisi o agenti esterni.

Se devi vendere casa o se essa è già in vendita senza riscontro cerca un professionista che ti dia una valutazione corretta, precisa ed aggiornata al mercato attuale.
Spesso quelle gratuite non sono sempre attendibili per altri interessi commerciali che ruotano dietro una valutazione.

Consulta un Agente Indipendente o un geometra o architetto e fatti stimare al meglio e oggettivamente il tuo immobile.

Con un Agente Professionale potrai anche avere una valutazione completa per mettere in vendita l'immobile e aumentare la percentuale di guadagno.

Se scoprirai che il prezzo per te è troppo basso, allora potrai lasciar perdere e affittare la casa o rimanerci a vivere in attesa di tempi migliori.

Un altro problema è come vengono tenuti gli immobili.

Ho visto cose che voi umani non potreste nemmeno immaginare – ahhahahha

Ho visto ottimi immobili tenuti in condizioni pietose.

Non mi riferisco a immobili da ristrutturare, ma bensì a case in buono stato completamente disordinate e piene zeppe di mobili e oggetti personali.

Prova a visionare un'automobile usata!

Ti troverai di fronte ad un'auto pulitissima dentro e fuori, profumata e sempre tenuta in garage (così piace sentirsi dire) e usata solo nel week end e da un anziano signore, magari anche sempre tagliandata.

Prova ora a pensare di visionare un'altra auto con lo stesso chilometraggio, stesso anno di immatricolazione e nello stesso stato manutentivo, ma sporca di fango, che puzza di fumo e magari con cenere sparsa in giro e con il posacenere pieno di mozziconi, magari carte varie sparse per l'auto.
Quale acquisteresti? Te lo dico io, la prima!!!

Negli immobili che costano 10 volte un'automobile invece i venditori presentano il loro bene più prezioso, acquistato con i loro sacrifici, in maniera oscena.

Ecco cosa si nota spesso:

- o   Sporcizia
- o   Odori di cibo, stufati, minestroni

16

- o Odori di sigaretta
- o Salotti pieni di dvd, libri o documenti
- o Giocattoli sparsi nella casa
- o Cucine con piatti sporchi e tavola non pulita
- o Terrazzi vuoti e tristi, non curati
- o Giardini con erba alta e non curata
- o Vestiti sparsi

Come investitore i miei migliori affari sono stati conclusi con questi errori dei proprietari. Casa presentata male, ma in buono stato. Hanno riscaldamento, condizionatori, impianti idraulici a norma, eppure la gente non riesce a vedere oltre l'apparenza!

Purtroppo il primo impatto ci condiziona. È come per l'automobile. Non mi credete? Andate per curiosità a visionare 4 o 5 case in zona da voi attualmente in vendita e vedrete come vengono fatte visionare.

Spesso l''agente immobiliare non ha il coraggio di urtare il proprietario e chi va a vedere le case di certo non può dire che la casa puzza.
Il mio ruolo di consulente e agente immobiliare risolve i problemi e fa risparmiare migliaia di euro.
Per ribassare il prezzo c'è sempre tempo, se si organizza bene il tempo della vendita!
A volte però il prezzo non è l'unico problema. Devi saper presentare il tuo immobile come se fosse un'automobile e differenziarti dalla concorrenza.

È anche molto importante ricordarsi che non si vendono mai mobili ma case. Però bisogna anche tener conto che il primo impatto sulle case è l'arredo.
Ci fa vedere come può essere bello vivere in quell'immobile. Ci colpisce subito il mobilio! È così! Specialmente gli arredi belli e ricercati nei particolari

È più facile vendere una casa vuota che un immobile con mobili e arredi vetusti.

Molti ereditano un immobile della nonna e cosa fanno? Lo mettono in vendita con il mobilio della defunta di 90 anni e magari hanno pure il coraggio di dire: "no, ma io lo lascio anche tutto arredato" Mobili vecchi (non antichi), letti con le coperte del 1900. Credenze storiche con soprammobili impolverati. Odore di chiuso. Senza parlare della carta da parati ingiallita che si stacca e cade giù.

Sai quanti soldi si possono perdere in questo modo? I tempi di vendita si allungano e piano piano si è costretti ad abbassare il prezzo di vendita.

Basterebbe chiamare banalmente una ditta di sgomberi e liberare l'immobile per avere un miglior risultato!!

Tanto è inutile illudersi che alla vendita qualche cliente vorrà tenere il mobilio e quindi è meglio anticipare i tempi.

Come Agente Immobiliare nelle mie consulenze consiglio anche di applicare nell'immobile un HOME STAGING light e arredarlo con gusto.

È vero tutto questo a molti può sembrare una spesa extra, ma in questo modo puoi velocizzare i tempi di vendita e realizzare fino al 20 % in più rispetto ad un immobile vuoto e recuperare con gli interessi i soldi spesi per l'allestimento dell'home staging.

Se non usi le armi giuste per vendere, l'unica arma che ti rimane è quella di abbassare il prezzo.

Come la dieta senza mangiare nulla; perdi peso ma a che prezzo?

Voglio riepilogare gli step per vendere casa velocemente e con una buona percentuale di guadagno.

Posso affermare che se non segui questi step puoi affidarti solo al caso o alla fortuna.

✓ Verifica il prezzo reale del tuo immobile aggiornato al mercato odierno
✓ Non vivere di ricordi (i prezzi cambiano sempre)

✓ Non stabilire un prezzo in base alle tue esigenze economiche
✓ Non stabilire un prezzo in base a questioni affettive
✓ Non presentare la tua casa come se fosse un deposito merci
✓ La tua casa dev'essere la migliore in vendita della sua "categoria", presentala al meglio
✓ Gli arredi sono importanti, non deprimere chi viene a vedere la tua casa con mobili vecchi e obsoleti
✓ Sii pulito e niente odori strani
✓ Scegli l'orario di maggiore esposizione solare
✓ Pioggia o brutto tempo? Sposta gli appuntamenti

Solo con queste accortezze puoi velocizzare i tempi di vendita e in alcuni casi realizzare un extra sul tuo immobile.

Sappiate che tutte queste tecniche sono utilizzate per ognuno dei nostri clienti.

Nei capitoli successivi spiegherò ampiamente tutti gli argomenti punto per punto.

Prima scelta: vendere casa da solo o affidarsi ad un agente immobiliare?

La casa è da sempre il luogo dove risiede l'amore, vengono creati i ricordi, si ricevono gli amici e nascono le famiglie.

Comunque questa rimane certamente una delle prime domande che ci si pone quando si decide di vendere casa. In realtà dovrebbe essere la seconda, perché la prima dovrebbe essere "quanto vale SUL MERCATO il mio immobile?"

Non si può negare che fare da soli ci appare inizialmente la migliore soluzione. Spesso, infatti, il compenso di un agente immobiliare non viene visto con l'ottica di un investimento, ma ci appare come un vero e proprio costo in più.

Non posso che ammettere che purtroppo alcune volte è così!

Però bisogna considerare il settore dell'intermediazione immobiliare non diverso degli altri settori, c'è quindi il professionista buono e meno buono. Come ci può essere il medico che sbaglia, l'avvocato che sbaglia, non per questo non vado più da un medico o da un avvocato.

Quindi anche nel Real Estate possiamo trovare il professionista che fa la differenza, quello che vale realmente l'investimento e molto di più.

D'altra parte facendo una considerazione più accurata, pensiamo quanto può costarci un errore nella vendita della nostra casa, sia dal punto di vista legale sia economico.

Per questo l'esercizio dell'attività di mediazione immobiliare, in larga espansione negli ultimi anni, comporta una serie di adempimenti particolarmente complessi e delicati, per cui chi intende operare nel settore deve avere una competenza tecnica e giuridica elevata. Per svolgere tale attività, è necessario, inoltre, superare un esame, scritto e orale, presso la Camera di Commercio di residenza.

Tecnicamente un Agente Immobiliare, in realtà è un Agente d'Affari in Mediazione, sinteticamente "MEDIATORE".

«Il mediatore è colui che mette in relazione due o più parti per la conclusione di un affare, senza essere legato ad alcuna di esse da rapporti di collaborazione, di dipendenza o di rappresentanza» **(art.1754 c.c.).**

Dal citato articolo si evince chiaramente che l'imparzialità è un connotato essenziale dell'azione del mediatore. Tale necessaria indipendenza è da intendersi, non come generica e astratta equidistanza dalle parti, ma come assenza di ogni vincolo giuridico, di prestazione d'opera o di qualsiasi altro rapporto che renda riferibile l'attività dell'intermediario ad una delle parti messe in relazione.

Quindi per risponderti alla domanda iniziale, è bene sottoporsi le seguenti domande:

1. Sei sicuro di aver effettuato una corretta valutazione del tuo immobile?
2. Chi risponde se commetti degli errori? (Devi sapere che i professionisti sono assicurati anche per questi tipi di eventi)
3. Sai redigere i documenti relativi ai preliminari di compravendita in modo corretto?
4. Sai condurre una trattativa di vendita? Hai altre esperienze alle spalle?
5. Sai impostare i pagamenti nelle varie scadenze?
6. Sei proprio sicuro che tutto sia perfettamente in regola ed esente da non conformità?
7. Chi ti dice che le persone che vengono a visitare casa tua siano effettivamente dei potenziali acquirenti in grado di comprare al prezzo che richiedi?

Ovviamente le domande riguardo gli infiniti problemi che si devono affrontare quando si vende una casa potrebbero essere tantissime altre.

Tuttavia desidero, senza dilungarmi troppo, darti dei suggerimenti per farti valutare più correttamente la scelta se vendere da solo o con un agente immobillare.

Devi sapere innanzitutto che un buon professionista, che DEVE tutelarti da tutto ciò, può valere mediamente il 3% di quello che andrai a realizzare dalla vendita della casa.

Questo è il compenso medio che viene richiesto da un agente immobiliare professionista.

«Il mediatore ha diritto alla provvigione da ciascuna delle parti, se l'affare è concluso per effetto del suo intervento. La misura della provvigione e la proporzione in cui questa deve gravare su ciascuna delle parti, in mancanza di patto, di tariffe professionali o da usi, sono determinate dal giudice, secondo equità» **(art. 1755 c.c.)**.

La doppia provvigione è la normale conseguenza del rapporto imparziale con le parti.

Se scegli di vendere la tua casa avvalendoti di un agente immobiliare chiedi quante vendite ha concluso nell'ultimo anno e fatti dare le referenze che ha ricevuto dai suoi clienti o ancora meglio guarda le sue recensioni su Google o Facebook.

Chiedi inoltre che ti fornisca il piano di marketing che ritiene opportuno adottare per la vendita della tua casa nonché un'analisi di mercato.

Poni a lui inoltre una serie di domande che ritieni adeguate per accertarti della preparazione della persona che hai di fronte. Chiedi ad esempio se lavora da solo oppure in team, chiedi che esperienze ha avuto, chiedi di farti vedere gli strumenti che utilizza.

Se lavora da solo, infatti, in caso di impedimento o di incidente chi seguirà la vendita della casa?

Ecco le ragioni per cui molti professionisti lavorano in team, proprio per dare il massimo della sicurezza ai propri clienti.

Quindi valutare bene la modalità di vendita e la professionalità di chi si ha di fronte, fa la differenza tra una vendita veloce e senza problemi ed una vendita problematica.

«Il mediatore deve comunicare alle parti le circostanze a lui note, relative alla valutazione e alla sicurezza dell'affare, che possono influire sulla conclusione di esso. Il mediatore risponde dell'autenticità della sottoscrizione delle scritture e dell'ultima girata dei titoli trasmessi per il suo tramite» **(art. 1759 c.c.).**

L'Agente ha l'obbligo del principio di correttezza nella sua condotta professionale, nonché l'utilizzo della diligenza del buon padre di famiglia. Il mediatore ha il dovere di fornire alle parti tutte le informazioni relative all'affare a cui sono interessate. Se tale precetto fosse eluso, sorgerebbe un obbligo, per il mediatore, di risarcire il danno causato alle parti, danno, ovviamente, scaturito dalla mancanza o incompletezza di informazioni.

Quanto vale il tuo immobile?

Di seguito i sei elementi che determinano il valore di un immobile residenziale.

Devi sapere che esistono 6 elementi che determinano il valore di un immobile residenziale:

1. Le motivazioni all'acquisto
2. La dimensione e gli accessori
3. Caratteristiche ed accessori
4. La location
5. Lo stato di conservazione
6. Il mercato

Per prima cosa è necessario fissare il prezzo di vendita adeguato ricordandosi sempre che "il reale valore di mercato" rappresenterà il prezzo che il potenziale acquirente sarà disposto a pagare.

È molto importante dare il giusto valore al proprio immobile, così da renderlo subito appetibile e invogliare la visita. A volte i prezzi non in linea scoraggiano i potenziali interessati dal visitare l'immobile, allontanando la possibilità di qualsiasi trattativa.

Sarà opportuno quindi stabilire il giusto prezzo di mercato, tenendo presente che ovviamente un prezzo altissimo significherà potenzialmente pochissimi acquirenti o addirittura nessuno, un prezzo basso porterà alla vendita in pochissimi giorni, mentre un prezzo giusto che si scosta massimo del 10/15% dal valore di valutazione, garantirà la vendita al GIUSTO PREZZO in circa 3/6 mesi.

Se vuol provare a vendere casa da solo, segui i consigli che ti sto dando. Sicuramente avrai un margine di possibilità maggiore rispetto a coloro che pensano di vendere facendo da soli e senza un minimo di competenza e senza preoccuparsi delle conseguenze.

Senza dubbio una buona perizia può essere un vantaggio nella vendita del tuo immobile.

Farne fare una di buona qualità è una cosa sicuramente intelligente.

Io ne farei fare una commerciale da un'agenzia immobiliare e una perizia da un tecnico come un geometra o un architetto.

In ogni caso, tieni presente che una perizia ha una durata limitata, generalmente di 6 mesi.

Purtroppo non è detto che il numero finale che troverai in fondo ti piaccia.

Questo però ti permetterà di essere obbiettivo.

Devi anche assicurarti di avere margine per negoziare.

Prima di stabilire definitivamente il prezzo da chiedere, assicurati di lasciare un margine sufficiente all'acquirente per trattare ("I compratori si divertono con poco").

C'è da dire che nell'ultimo periodo si sta verificando sempre più di ricevere proposte a "PREZZO PIENO".

Quindi fissa un prezzo massimo e uno minimo.

A questo punto, controlla le tue priorità per sapere se ti conviene pubblicarlo a un prezzo alto e massimizzare il tuo profitto o pubblicarlo a un prezzo vicino al valore di mercato e vendere più velocemente.

Attenzione a un prezzo troppo alto perché ti farebbe uscire dal mercato e ti impedirebbe di vendere la tua casa, che rimanendo in pubblicità per parecchio tempo, perderebbe interesse e se tu decidessi di abbassare il prezzo in un secondo momento, è come se stessi dicendo: "STO ABBASSANDO IL PREZZO PERCHE' NON RIESCO A VENDERLA".

Potresti anche chiedere il parere onesto di persone esterne.

L'errore più grande che puoi commettere in generale è quello di fare affidamento soltanto sul tuo giudizio.

Non essere timido e cerca le opinioni oneste degli altri.

Devi essere oggettivo nel valutare i punti forti e le debolezze del tuo immobile.

Per fortuna, il tuo Agente Immobiliare sarà spietato e ti indicherà chiaramente gli interventi da fare per rendere la tua casa più vendibile.

Un bravo Agente ovviamente ti dirà sia gli aspetti positivi, DA VALORIZZARE, e sia quelli negativi.

Credi di essere davvero pronto a vendere?

La tua risposta sarà sicuramente sì. Ma bisogna ancora stabilire il prezzo della casa.

Una cosa molto importante è capire perché stai vendendo la tua casa.

Il motivo per cui vendi la tua casa è il fattore che determina il tuo approccio all'intero processo. Influenza ogni cosa: il prezzo che chiedi, le tempistiche, i soldi e l'impegno che sei disposto a investire per preparare il tuo immobile alla vendita.

Se il tuo obiettivo, per esempio, è vendere in poco tempo, dovrai seguire delle linee guida ben precise.

Se invece vuoi massimizzare il tuo guadagno, il processo di vendita potrebbe richiedere più tempo e quindi servirà un altro approccio.

Abbiamo già detto in precedenza che più sarà alta la richiesta economica e meno persone verranno a visitare la tua casa.

Tra le cose sicuramente da fare c'è da effettuare una ricerca di mercato. Il metodo migliore per fissare la quotazione, il più possibile corretta, è una VALUTAZIONE COMPARATIVA.

Questo tipo di valutazione tiene conto degli immobili similari che sono in vendita in una determinata zona e di quelli già venduti.

Un altro parametro molto importante da considerare è soprattutto il parametro Giorni/Vendita, il quale considera cioè in quanto tempo l'immobile è stato venduto oppure da quanto tempo è sul mercato.

Tramite un'attenta ricerca, basata anche su tali dati tecnici e statistici e dopo aver confrontato i prezzi di altre case similari già vendute nella tua zona, potrai quindi individuare "Il reale valore di mercato della tua proprietà".

Così potrai stabile il prezzo di vendita del tuo immobile.

Tieni costantemente sotto controllo le ultime vendite di immobili simili al tuo nel tuo quartiere per farti un'idea di quanto possa variare il valore del tuo.

Tutti i quartieri cambiano nel tempo e gli immobili possono essere più o meno diversi tra di loro e, quindi, avere valori diversi, anche se adiacenti l'uno all'altro.

Questo ti consentirà di non dover aspettare mesi con la speranza che qualche interessato possa farti una proposta d'acquisto con un prezzo "fuori mercato". Purtroppo o per fortuna, ormai c'è troppa informazione, ed è diventato praticamente impossibile trovare clienti sprovveduti, disponibili a offrire prezzi fuori mercato.

Bisogna inoltre tener presente che il denaro speso per le ristrutturazioni e diverse migliorie apportare alla casa, non necessariamente potrà tramutarsi in un maggiore prezzo di vendita rispetto a quanto offre il mercato.

L'acquirente valuterà con attenzione la tua casa, ma vorrà sicuramente personalizzarla per renderla più affine ai suoi gusti.

Per poter ricevere una proposta d'acquisto scritta e concreta, dobbiamo fissare un PREZZO REALISTICO.

Diversamente, nel caso si decida un prezzo più alto rispetto al reale valore di mercato, la vostra casa rimarrà in vendita per chissà quanto tempo o addirittura invenduta.

Infatti è comprovato statisticamente che se il prezzo di pubblicità supera il 15% del reale valore di mercato, l'acquirente avrà paura di sottoscrivere e avanzare una proposta d'acquisto, anche per evitare di offendervi.

Quindi prima di fissare il prezzo definitivo di vendita assicurati che sia quello giusto!

Quando stabilisci finalmente il prezzo e decidi di promuovere la vendita del tuo immobile, comunichi ai compratori qual è il tetto massimo che dovranno pagare per la tua casa. In questo contesto vesti i panni del venditore e devi cercare di ottenere un prezzo di vendita il più vicino possibile al reale valore di mercato.

Ricapitolando:

Se parti subito fissando una cifra troppo alta, corri il rischio di non essere preso sul serio dai compratori e dai loro agenti.

Se fissi un prezzo troppo basso invece, potresti ritrovarti a guadagnare molto meno di quanto potresti.

Ops, dimenticavo, questo ti risulterà difficile perché non è il tuo mestiere, quindi ti risulterà molto complicato risalire a tutte le vendite della tua zona negli ultimi 6 mesi.

Probabilmente scoprirai anche che nella tua zona non ci sono molte case realmente paragonabili alla tua.

In questo caso, puoi considerare la possibilità di cercare un Agente Immobiliare che ti aiuti a individuare il prezzo corretto.

Devi tener bene a mente che la tecnica della comparazione è la stessa che useranno i potenziali compratori per valutare la tua proprietà.

Anche tu dovresti dedicarti alla ricerca e la visione di altri immobili. Specialmente se vendi per ricomprare.

Il modo migliore per conoscere la concorrenza è scoprire gli errori che fanno allontanare i clienti e visitare altre case in vendita.

Annota il numero di piani, le condizioni, la facciata, la grandezza della casa, la posizione e altre caratteristiche.

Mi raccomando, non prestare attenzione soltanto al prezzo richiesto, ma anche a quanto i proprietari sono VERAMENTE disposti ad accettare.

Se hai davvero intenzione di vendere velocemente casa tua, dovrai stare attento anche a non fissare un prezzo TROPPO più alto di quello degli immobili a fianco al tuo.

Suggerimenti importanti

Non firmare MAI un accordo per la tua prossima casa finché non hai venduto quella attuale.

Stai molto attento a firmare una proposta per la nuova casa mentre stai ancora pagando il mutuo per quella vecchia.

Potresti diventare il venditore che ha bisogno (a volte disperato) di chiudere la prima trattativa che gli capita sotto mano e quindi magari sarai costretto a "SVENDERE" il tuo immobile.

Sicuramente se compri prima non MASSIMIZZERAI mai la vendita del tuo immobile in quanto avrai l'angoscia di dover chiudere, altrimenti perderai i soldi della caparra versata.

Traslocare prima di vendere può trasformarsi in un grosso errore.

È provato che è più difficile vendere una casa senza mobili perché appare abbandonata e dimenticata. Non appare più un ambiente accogliente e che da idea degli spazi.

I compratori riceveranno il messaggio che hai un'altra casa e che probabilmente sei molto motivato a vendere e questo potrebbe costarti migliaia di euro.

Comunque meglio un immobile vuoto che un immobile vecchio, sporco e in pessime condizioni.

Anche i limiti temporali creano un grosso svantaggio.

Non cercare di vendere per forza il tuo immobile entro una certa data. Questo aggiunge pressione non necessaria e diventa un serio handicap nelle negoziazioni.

La preparazione della casa – *Home Staging*

Un prezzo realistico rappresenta uno degli elementi fondamentali per una buona e rapida vendita. Fortunatamente non è il solo.

È importantissimo anche che la casa si presenti nel migliore dei modi ai potenziali acquirenti che verranno a visitarla.

Le apparenze contano molto, devono essere messe in evidenza e ben considerate.

Le apparenze sono molto importanti ed è poco saggio sottovalutarle quando vuoi vendere casa.

L'aspetto e l'atmosfera creeranno una risposta emotiva molto più sentita di qualsiasi altra tecnica.

Spesso l'impatto positivo e l'emozione valgono più degli aspetti tecnici.

I potenziali compratori reagiscono a ciò che vedono, sentono, avvertono e annusano anche se hai pubblicato il tuo immobile per vendere in fretta.

Quindi puliscilo bene, arieggialo spesso e soprattutto prima degli appuntamenti. Se puoi, imbiancalo. Utilizza dei profumatori. Aggiusta ciò che è rotto. Accendi le luci. Apri le tapparelle e le tende. Tieni cucina e bagno ordinati (la tavoletta dev'essere chiusa)

Presentando la tua casa in modo adeguato aumenterai le possibilità di collocare il tuo immobile al meglio e in tempi più brevi.

Una strategia sempre più vincente è rappresentata dall'*"Home Staging"*.

Una presentazione studiata e accurata dell'immobile al fine di favorirne la vendita o l'affitto.

Cambiando la disposizione dei mobili e trovandone una più accurata, dando il giusto tocco di colore, selezionando i giusti complementi di arredo e scegliendo la giusta illuminazione si può dare alla propria casa un fascino maggiore, più desiderabile per il possibile acquirente o affittuario.

Si tratta di un accorgimento che, per quanto banale, a volte è disatteso o addirittura neanche preso in considerazione.

Bisogna tenere in considerazione che per tutte le persone acquistare una casa è un momento di particolare importanza che coinvolge anche emotivamente, pertanto dare un aspetto curato e positivo in generale alla tua proprietà potrà senz'altro facilitarne la vendita, facendo percepire agli aspiranti acquirenti un valore senz'altro maggiore o, in ogni caso, decisamente più apprezzabile.

Non c'è mai una seconda occasione per dare una prima buona impressione.

È praticamente durante la prima visita che il potenziale acquirente giudica la casa nel suo aspetto globale esaminando tutti gli elementi.

L'impressione che ne trae è determinante per il prosieguo della compravendita.

Se non gli piace quello che vede la prima volta, possiamo scordarci che faccia una proposta di acquisto e sarà praticamente impossibile che possa voler tornare a rivedere l'appartamento.

La cosa più opportuna, quindi, è renderla perfetta, sottolineandone le sue caratteristiche migliori.

Questa buona presentazione, insieme a una corretta valutazione, sicuramente e statisticamente farà la differenza e ti porterà a vendere nel minor tempo possibile al MIGLIOR PREZZO possibile!

Quindi prima di iniziare con le visite, pensa ad apportare quegli accorgimenti tali da farti avere un vantaggio sugli altri proprietari che cercano anche loro di vendere casa in questo momento.

C'è una concorrenza spietata.

Ecco qualche consiglio che mi sento di suggerirti:

o   Nuova imbiancatura, magari con colori moderni e sobri
o   Elimina i difetti come: piastrelle rotte, crepe, mura umide, ecc...
o   Esegui le piccole riparazioni: rubinetto che gocciola, il vetro rotto, serramenti che cigolano, ecc...
o   Metti in disparte gli oggetti che tendono a personalizzare troppo la casa (come le foto di familiari o defunti)
o   Verifica che l'illuminazione sia adeguata, che tutte le lampade siano funzionanti
o   Massima pulizia dei pavimenti e del mobilio
o   Tieni tutte le luci accese anche di giorno e tutte le persiane delle finestre e dei balconi aperte
o   Chiedere ad un professionista di visitare il tuo immobile e darti gli opportuni consigli per come presentarlo al meglio ai potenziali acquirenti
o   Usare dei profumatori d'ambiente. Ovviamente non troppo forti

Gli odori che ammazzano la vendita devono sparire!

Magari non te ne rendi conto, ma odori strani di cibo, animali e puzza di fumo potrebbero compromettere una trattativa molto velocemente. Se un potenziale compratore sa che hai un cane o che fumi, comincerà ad aggirarsi come un segugio sentendo odori o vedendo macchie che magari non esistono nemmeno. Non lasciare nessun indizio.

Ti voglio dare anche dei ulteriori suggerimenti che ti aiuteranno a sistemare al meglio ciascun ambiente per dare un effetto "WOW" e rendere la tua casa più appetibile:

Cucina

È opportuno mostrare tutta la spaziosità della tua cucina. Anche se non hai molto spazio in questa stanza con qualche piccolo accorgimento può sembrare più grande:

o   I ripiani della cucina devono presentarsi sempre in ordine. Un bancone disordinato fa pensare che si dispone di uno spazio limitato. Togli tutti gli oggetti possibili se lo spazio è poco e lascia solo qualche piccolo elettrodomestico. Oggetti come i cestini, il tostapane o la macchina del caffè, fanno sembrare un piano di lavoro ancora più piccolo di quello che è effettivamente.

o   Se hai una cucina ad isola falla diventare il punto focale. Aggiungi fiori, una pianta, un bel centrotavola, o una ciotola di frutta fresca: queste cose attirano molto lo sguardo dei potenziali acquirenti.

Bagno

Il bagno rappresenta certamente una delle stanze sulle quali i potenziali acquirenti concentrano maggiormente la loro attenzione.

Un bel bagno può sicuramente fare la differenza nella decisione finale da parte del potenziale acquirente; inoltre può aumentare considerevolmente il valore di una casa.

L'aggiornamento dell'illuminazione e l'aggiunta di un nuovo specchio su una parete nuda sono i primi accorgimenti da prendere.

Bisogna inoltre cambiare i sanitari, se non sono già in ottimo stato. Non è necessario spendere molto, quello che conta durante la visita è l'impatto, bisogna fare in modo che appaia tutto nuovo agli occhi del visitatore.

Togli eventuali detersivi, strofinacci o spugne sparse per il bagno.

Questi ed altri piccoli accorgimenti sono estremamente importanti e spesso determinanti per l'esito della vendita.

Esterno

Anche un giardino o un terrazzo o un balcone sono elementi da non trascurare assolutamente. Vanno sempre messi in ordine e resi belli e presentabili agli occhi dei visitatori.

Ribadiamo quindi che tutti gli elementi della casa, anche all'esterno, devono apparire perfetti agli occhi dei potenziali acquirenti, o comunque ben curati e per fare questo non è necessario fare spese particolarmente costose. L'importante è dedicarsi con impegno e prestare particolare attenzione per migliorare quegli elementi che col tempo, essendo sempre essi sotto i nostri occhi, ci appaiono ormai scontati.

Dobbiamo sempre tenere in mente quanto vi ho detto prima, che non ci viene data mai una seconda possibilità per fare una buona "prima impressione".

Punti d'Attrazione

Crea dei punti di attrazione in ogni ambiente per attirare l'attenzione del cliente e distoglierlo da eventuali altri difetti.

Sicuramente sarebbe bello far trovare ai visitatori in ogni stanza un qualcosa di carino che catturi la loro attenzione.

Nel soggiorno potrebbe essere un camino verniciato di fresco, particolarmente decorato e ben illuminato, magari acceso

In cucina possiamo mettere un bel mazzo di fiori come centro tavola.

Nella camera da letto il "punto focale" naturale è il letto quindi un bel copriletto dai colori raffinati ed eleganti e magari degli splendidi cuscini potrebbero stupire i visitatori.

Pavimentazione

Il pavimento è certamente il primo elemento -ed il più vasto in proporzioni- che appare alla vista del visitatore ed è inoltre quello che maggiormente viene ad essere valutato.

La qualità, l'aspetto ed i colori del pavimento possono trasformare una stanza e farla apparire più grande.

In generale, il pavimento deve presentarsi perfettamente pulito e lucidato, nonché riparato dove ce ne fosse la necessità. L'aggiunta di un tappeto, nei punti in cui esso si mostra in cattive condizioni, potrebbe rivelarsi un valido stratagemma.

Se disponi di un parquet, magari che sia in buone condizioni, non nasconderlo sotto tappeti o moquette. È opportuno metterlo a lucido e rendilo disponibile agli occhi di tutti i visitatori.

Può infatti rappresentare una risorsa per la vendita della casa, gli acquirenti amano infatti i pavimenti in legno e le finiture d'epoca. Quindi non devi assolutamente nasconderlo, ma al contrario valorizzarlo.

Nel caso invece in cui la tua casa fosse rivestita di moquette, ovviamente solo se in buone condizioni, essa deve essere ripulita alla perfezione da professionisti del settore al fine di ottenere il massimo dell'apprezzamento da parte dei visitatori.

Riassumendo, pulisci tutto alla perfezione e aggiusta ogni pezzo, anche se ti sembra insignificante.

Strofina, lucida, riordina, sistema, sbarazzati del disordine, dichiara guerra alla polvere, ripara i cigolii, l'interruttore che non funziona e la piccola crepa nello specchio del bagno.

Se non presti attenzione, questi dettagli possono stroncare la tua vendita e non saprai mai quale dettaglio ha allontanato i compratori.

Mentre a un Agente a fine appuntamento indicheranno sempre le criticità, quindi ti potrà aiutare a correggere il tiro; a un privato nessuno dirà mai niente, quindi rimarrai nel dubbio più assoluto.

Ricorda sei in gara con le altre case sul mercato, anche con quelle di nuova costruzione o ristrutturazione, belle, nuove di pacca e magari anche appena arredate.

Gestione dei potenziali clienti durante la vendita della casa

Anche questo è un lavoro.

Appena pubblicherai il tuo annuncio, verrai subito tempestato da chiamate da agenzie immobiliari, che aspettano come avvoltoi un privato che pubblichi. Purtroppo sono rimasti un po' indietro e non hanno un metodo efficace per acquisire nuovi clienti.

Dopo, se il prezzo non sarà eccessivo, dovrai aver il tempo per rispondere alle telefonate e alle mail dei clienti interessati a vederlo, senza correre il rischio di perdertene qualcuno perché magari non sei riuscito a rispondergli o a richiamarlo, fissare gli appuntamenti, fargli vedere l'immobile e, poi, pregare che qualcuno faccia un'offerta soddisfacente.

La prima domanda che devi farti è: "Ma quanto possono pagare veramente i compratori?"

Chiedi apertamente al compratore/acquirente che budget ha a disposizione, se deve avvalersi di mutuo o ha già l'intera cifra a sua disposizione.

Sicuramente la risposta sarà: "dipende", ma dipende non vuol dire nulla, dipende da cosa?

Devi ottenere una risposta concreta, altrimenti vorrà dire che è un perditempo.

Cerca di scoprire prima possibile l'ammontare del mutuo che il compratore è in grado di accendere e l'acconto che può darti.

Ad ogni modo è già con la prima telefonata che ricevi, che ti fai l'idea se il cliente possa essere realmente quello giusto oppure no, se sei capace di fare le giuste domande, senza aver paura di offendere il cliente.

Tipo:

1. Che budget ha a disposizione?
2. Deve fare mutuo? Quanto? 50/70/100%?

3. Se sì, è già stato in banca?
4. Conosce la zona?
5. Ha letto bene l'annuncio?

Questo ti aiuta notevolmente nello stabilire se è il caso di fargli vedere la casa oppure risparmiare un sacco di tempo in visite inutili.

È opportuno che le visite alla tua casa siano effettuate solo da quei clienti interessati ed in linea con quelle che rappresentano le tue condizioni di vendita. Altre visite di "curiosi" rappresentano per te solo una perdita di tempo. Ti assicuro che ci sono in giro un sacco di TURISTI IMMOBILIARI. C'è gente che cerca casa da anni.

Ci sono, a seguire, altri consigli che sono stati pensati proprio per coloro che, non rendendosi conto a cosa vanno incontro, decidono di vendere privatamente il proprio immobile. Si tratta di poche cose e ben mirate che saranno di indubbio aiuto durante la vendita.

LE 2 REGOLE FONDAMENTALI:

1. Una prima regola consiste sicuramente nel qualificare le persone che ti chiamano (questo è quanto fa anche un professionista nel settore). Alcune domande semplici e mirate ti consentono di evitare di perdere tempo:

Che tipo di casa state cercando?

Entro quanto tempo vi serve?

Qualora la casa vi piacesse, dovete vendere un'altra casa prima di acquistare?

È proprio dalle risposte che vengono date che ti rendi conto immediatamente se possa trattarsi realmente di un potenziale acquirente. In questo caso puoi fargli una sintetica ma onesta descrizione della tua casa affinché possano emergere eventuali aspetti che a priori non gli possono andare bene (esempio tipo di riscaldamento, oppure classe energetica, senza ascensore, bagno cieco ecc.). Eviterai in questo caso una inutile perdita di tempo da parte di entrambi. Se, invece dalle risposte ti rendi conto che NON può essere un potenziale acquirente, meglio dirglielo chiaramente e chiudere lì l'argomento.

2. Come seconda regola tieni sempre presente che l'immobile va presentato soltanto alla presenza di tutti coloro che dovranno prendere la decisione finale. Bisogna quindi chiedere chi siano realmente le persone che, in caso si giunga all'acquisto, saranno coinvolte nel contratto di compravendita della casa. Anche se sembra un concetto ovvio, spesso è inutile far vedere la casa solo al figlio, se poi il proprietario sarà il papà; oppure alla mamma, se poi ad acquistarla sarà la figlia.

Rispettare queste prime due regole significa mettere dei paletti chiari e, quindi, poter fare una visita senz'altro più mirata.

ORARI DI VISITA DELL'IMMOBILE

Qualsiasi cosa, che serva per differenziarsi dalla concorrenza, aiuta sempre.

Hai mai visto un immobile bello, ma purtroppo un po' buio? Forse lo hai visionato in un orario in cui non prendeva la luce diretta del sole. Chi lo sa?
Oramai è stato scartato. Se la tua casa prende il sole dalle 11 del mattino fino alle 14, perché farla visionare di pomeriggio o addirittura la sera? Non ci avevi mai pensato? Non lo fa nessuno.
Eppure una delle motivazioni che spinge all'acquisto di un immobile è la luminosità!

Per questo è molto più facile vendere un immobile in primavera o in estate, piuttosto che d'inverno.

È facile: basta concentrare nell'orario in cui c'è il sole le visite!
Sicuramente questo accorgimento non ti farà perdere denaro!

Viceversa le case buie conviene farle vedere di sera, con le luci accese per evitare di accentuare il difetto.

GIORNATE DI VISITA IMMOBILE

Hai una casa con giardino o terrazzo? Una bella villetta?

Devi sapere che molti proprietari fanno visionare queste case super ricercate quando c'è pioggia o tempesta.

Basta poco per migliorare le possibilità di chiudere la vendita di uno di questi immobili.

Prova ad apprezzare un bel terrazzo o giardino in una giornata di sole e prova a vedere lo stesso immobile con la pioggia o temporale.

Così ovviamente, specialmente d'inverno, si rischia di aumentare leggermente il periodo di vendita.

Ma cosa devi fare, disdire gli appuntamenti se piove?

Sarebbe opportuno, se vuoi guadagnare e vendere la casa sfruttando le caratteristiche positive del giardino, terrazzo o attico. Non a caso le immagini di ville con piscina hanno a fianco una sdraio, un tavolino o un gazebo! D'altronde non ho mai visto foto con villa, piscina e un venditore con l'ombrello!

Mi raccomando non lasciare nulla al caso. Vendere immobili è una professione vera.

Generalmente si dice che il proprietario di casa non dovrebbe mai mettersi in mezzo durante le visite. Questo però è, purtroppo, inevitabile quando sei tu a gestire direttamente le trattative.

Allora come agente d'affari in mediazione professionista ti consiglio quantomeno di seguire un sistema predefinito e valido, da non cambiare una volta che è stato deciso.

Questo soprattutto perché, come proprietario della casa, in realtà saresti la persona meno indicata a dare al visitatore una visione oggettiva dell'immobile e questo può causare sicuramente una diminuzione delle probabilità di vendere o può tendere ad allungarne sostanzialmente i tempi.

Volendo portare avanti tu le trattative ti chiederai, quindi, come sarà possibile risolvere la questione.

Ricorda sempre di non svelare le ragioni per cui vuoi vendere

I motivi per cui stai vendendo influenzeranno il modo in cui negozierai durante la trattativa.

Se sveli queste informazioni, metti il coltello dalla parte del manico in mano ai potenziali compratori.

Se ti lasci sfuggire che hai fretta di trasferirti, potresti ritrovarti in posizione di svantaggio durante la vendita.

Quando ti fanno delle domande, rispondi semplicemente che le tue esigenze abitative sono cambiate.

Il motivo o i motivi per cui vuoi vendere sono soltanto fatti tuoi.

Al riguardo sono sicuro che apprezzerai dei suggerimenti che mirano a limitare i possibili danni derivanti dalla scelta di agire autonomamente e che ti aiuteranno a trarre dalla tua scelta di vendere, il massimo vantaggio possibile:

1. Innanzi tutto cerca di capire, il più rapidamente possibile, se la persona che viene a visitare la casa sia realmente un possibile acquirente oppure se si tratta di qualcuno che vuole solo curiosare.

2. Tieni sempre bene in mente che per te l'obiettivo della visita è quello di ottenere alla fine una proposta di acquisto alle giuste condizioni.

3. Non elogiare eccessivamente la casa, ma realisticamente impara a offrire, far apprezzare al potenziale acquirente ciò che vuole.

4. Se a visitare la casa è una coppia, fai in modo che durante la visita le due persone rimangano sempre assieme.

5. Rendi piacevole e facile l'esperienza di comprare: magari rivolgendoti al cliente con cortesia, dicendo di fare come se fosse a casa sua e dichiarando di essere lì solo per dare risposte alle sue domande. Questo atteggiamento di cortesia e discrezione mette sicuramente il cliente a proprio agio.

6. Per creare un coinvolgimento emotivo del visitatore è opportuno fare delle domande al visitatore, evitando però di fare affermazioni e di chiedere informazioni personali.

7. Tieni sempre il contratto pronto: ti potrebbe capitare durante la visita di concludere immediatamente, qualora il cliente sia particolarmente interessato.

Sempre per ridurre i tempi di vendita, alla fine di ogni visita è opportuno chiedere al visitatore se ritiene che la casa visitata possa essere quella che acquisterà.

In caso di risposta negativa o, più probabilmente, se il cliente dirà che ci dovrà pensare, è opportuno chiedere quali sono i motivi della sua perplessità.

Certamente quello che lui dirà ti potrà essere utile per capire se, e sotto quali aspetti, migliorare la casa per il prossimo cliente che verrà a visitarla.

In caso di risposta positiva, tieni conto del precedente punto 7. Consiglia di sedervi tranquillamente, tira fuori la proposta d'acquisto e INIZIA LA TRATTIVA!

Seguendo questi consigli e le domande finali che ti ho elencato, sarai sicuramente molto più preparato rispetto agli altri venditori privati della tua zona, che invece cercano di vendere esasperando il povero visitatore con le solite frasi scontate del tipo:

o   È una casa molto bella

o   Nel palazzo abitano tutti professionisti. A fianco il Dott. Rossi sopra l'Ing. Bianchi ...

o   Il bagno è stato fatto nel 2000 ... ma è come se fosse nuovo!

o   È un terzo piano. Il palazzo è sprovvisto di ascensore...ma le scale non si sentono affatto...

o   Ho spatolato in cucina ...

o   Il garage non si è mai allagato ...

Potremmo continuare così con altre centinaia di esempi. Sono le frasi scontate di chi non ha la minima esperienza di vendita.

Prova anche ad essere un venditore astuto. Diversamente da ciò che penserai, ti dico di non nascondere nulla.

Questo può sembrare un controsenso all'apparenza eppure è proprio la cosa migliore da fare.

I venditori furbi svelano subito tutti i difetti della casa ai compratori senza nascondere nulla in modo da non dar la possibilità al cliente di trovarne o soffermarsi a cercarne. Naturalmente un bravo venditore insieme ai difetti espone anche come risolverli.

Questo riduce le tue responsabilità e previene denunce in un secondo momento.

Naturalmente, bisogna anche enfatizzare i pregi e le caratteristiche positive, come esposizione, vista, grandi ambienti, impianti particolari, ecc.

Indiscutibilmente è meglio avere più potenziali compratori a disposizione.

Ti do l'ultimo consiglio. Quando vuoi massimizzare la possibilità di vendita del tuo immobile, devi cercare di attirare più di un potenziale compratore.

È molto meglio avere diverse persone interessate che competeranno tra di loro. Un singolo compratore se non riesci a chiuderlo subito oppure non è interessato, alla fine ti avrà solo fatto perdere tempo.

Fissa appuntamenti ravvicinati o addirittura un "OPEN HOUSE". Le persone a cui piace capiranno che la casa è ambita e che, se non sono decisi, la perderanno.

Con i consigli che ti ho dato e aggiungendo una grande dose di interventi di marketing utile ad attirare il maggior numero possibile di richieste, farai sicuramente un'ottima vendita!

"Vorrei fare una proposta per la casa"

Se hai indicato il giusto valore di mercato del tuo immobile, hai pubblicizzato la tua casa in maniera adeguata ed hai seguito i consigli che ti ho dato, arriverà il momento in cui una delle persone che hanno fatto visita a casa tua ti dirà che desidera acquistarla.

A questo punto se sei seguito da un agente immobiliare professionista non hai alcun che di cui preoccuparti, in quanto sarà lui stesso a guidare la trattativa per darti la possibilità di realizzare il maggiore prezzo possibile sul mercato, occupandosi di tutti gli aspetti tecnici, legali e commerciali inerenti la vendita.

Se invece stai vendendo da solo ti consiglio vivamente di seguire i suggerimenti che ti darò ora.

Innanzi tutto devi riconoscere di essere troppo coinvolto emotivamente e dal fatto che penserai solo ai tuoi interessi.

Questo può comportare di far "scappare" il cliente per l'eccessiva pressione che tu gli metti addosso. Oppure, percependo la tua ansia di vendere, potrebbe iniziare a "giocare al ribasso del prezzo". Per tali ragioni il mio primo consiglio è di distaccarsi emotivamente e di gestire la vendita come se non si trattasse di casa tua.

Tieni a bada le emozioni durante la trattativa, frena il lato sentimentale e i ricordi che ti legano alla casa.

Sii distaccato e mostrati professionale mentre tratti. Avrai un grosso vantaggio rispetto a chi si fa coinvolgere emotivamente dalla situazione.

Affidarsi a un agente permette proprio questo, una persona coinvolta può sbagliare le sue mosse perché è accecato dal risultato.

Non sprecare mai le offerte, soprattutto in questo particolare momento di mercato.

L'arrivo della prima offerta non ti deve far ritenere che chissà quante altre ne possano arrivare.

Non cadere in false e pericolose illusioni, mantieni ben saldi i tuoi piedi a terra, perché non è sempre così, potrebbe trattarsi anche solo dell'ultima offerta o addirittura l'unica che riceverai.

Scopri cosa motiva il tuo compratore. Più conosci i tuoi compratori, più sei in grado di sfruttare il processo di negoziazione a tuo vantaggio.

Questo ti permette di controllare il ritmo e la durata della trattativa.

Come regola, i compratori cercano di acquistare la migliore proprietà che si possono permettere al minor prezzo.

Sapere cosa li motiva ti consente di negoziare in modo più efficace.

Se sai che il tuo compratore ha bisogno di trasferirsi in fretta, devi usare questa informazione come una freccia al tuo arco.

Ti troverai in una posizione decisamente migliore per contrattare.

Quando il compratore vuole concludere velocemente la trattativa molto spesso, è perché ha BISOGNO di chiudere. Magari ha già venduto il suo immobile, oppure è scaduto il suo contratto d'affitto e non verrà rinnovato, magari ha incassato un'importante somma di denaro e non sa come gestirla.

Conoscere i suoi limiti di tempo per completare le negoziazioni ti dà ancora una volta un vantaggio.

Un BUON AGENTE studia continuamente tecniche di comunicazione e persuasione per commettere errori il meno possibile ed essere in grado di captare tutto ciò che gli serve per portare a termine la trattativa.

Nel momento in cui il cliente manifesta un certo interesse, prova a fargli sottoscrivere subito una proposta di acquisto.

È un documento importante, in cui l'acquirente mette nero su bianco la sua intenzione di acquistare la tua casa, indicando tutte le condizioni (prezzo offerto, modalità di pagamento, tempi, ecc.).

È importante che il documento contenga inoltre anche tutte le altre clausole che apparentemente possono sembrare accessorie, ma in realtà non lo sono, tipo vincoli, certificazioni, ipoteche, ecc. Ovviamente tale documento dovrà essere accompagnato da un assegno a titolo di "CAPARRA CONFIRMATORIA" intestato a tuo nome.

Per i soli contratti a prestazioni corrispettive, per rafforzare il diritto del creditore al risarcimento del danno in caso di inadempimento, le parti possono convenire che una consegni nelle mani dell'altra una caparra, ossia una somma di denaro o una quantità di cose fungibili. Si distingue tra:

➢ caparra confirmatoria (art. 1385 c.c.): è una somma di denaro o una quantità di cose fungibili che, al momento della costituzione del rapporto obbligatorio, una parte dà all'altra, quale conferma dell'adempimento, di cui segna quasi un'anticipata e parziale esecuzione. Se il contratto viene adempiuto, la caparra deve essere restituita o imputata alla prestazione dovuta. In caso di inadempimento, invece: se inadempiente è la parte che ha dato la caparra, l'altra può recedere dal contratto e ritenere la caparra; se inadempiente è la parte che l'ha ricevuta, l'altra può recedere dal contratto ed esigere il doppio della caparra; in entrambi i casi, se la parte che non è inadempiente preferisce domandare l'esecuzione o la risoluzione del contratto, il risarcimento del danno è regolato dalle norme generali e la caparra sarà trattenuta in conto dei danni che saranno liquidati;

> caparra penitenziale (art. 1386 c.c.): in cui la somma che una parte dà all'altra non rappresenta una cautela contro l'inadempimento, ma è il corrispettivo per l'attribuzione della facoltà di recesso dalla obbligazione contrattuale (cioè di liberarsi dall'obbligazione assunta). Una volta versata la caparra, i contraenti si riservano la scelta tra l'adempimento ed il recesso. Il recesso si attua per volontà unilaterale, rinunziando alla caparra nelle mani della controparte, se recede il soggetto che l'ha consegnata, o provvedendo alla restituzione di una doppia caparra nell'ipotesi inversa.

Simile alla caparra penitenziale è la clausola penale, ossia una somma stabilita fin dall'inizio dalle parti contraenti e che dovrà essere consegnata dalla parte inadempiente all'altra parte, a titolo di penale o di risarcimento.

In seguito alla presentazione dell'offerta hai tre possibilità:

1. Accettare l'offerta

2. Rifiutare l'offerta

3. Fare una contro-proposta

Nelle compravendite immobiliari, come indicato nell'art. 1350 del Codice Civile, l'unica forma prevista a pena di nullità è quella scritta. Qualsiasi accordo verbale è privo di valore.

La nozione di compravendita è data dall'art. 1470 c.c.:

«la vendita è il contratto che ha per oggetto il trasferimento della proprietà di una cosa o il trasferimento di altro diritto verso il corrispettivo di un prezzo»

La compravendita è quindi un contratto traslativo, nel senso che produce il trasferimento di un diritto in virtù del semplice consenso prestato dalle parti, in applicazione del generale principio consensualistico, per il quale i contratti traslativi producono effetti dal momento in cui le parti raggiungono l'accordo (art. 1376 c.c.).

Se ricevi un'offerta bassa, non prenderla come un'offesa personale.

Di solito l'offerta iniziale è al di sotto di quello che tu e il compratore sapete che verrà sborsato per la tua proprietà. Non arrabbiarti e valuta la proposta oggettivamente. L'offerta è, comunque, un segnale d'interesse e permette di vincolare l'acquirente alla trattativa.

Assicurati che contenga il prezzo offerto, una somma come caparra confirmatoria, eventuali preliminari intermedi, l'indicazione dei pagamenti, l'ammontare del mutuo, una data di chiusura e altre eventuali richieste particolari.

Tutto questo è necessario come punto di partenza per iniziare una negoziazione.

Prova sempre a rovesciare un'offerta bassa. Puoi sempre fare una contro proposta quando il compratore presenta un'offerta troppo bassa o comunque al di sotto del tuo prezzo richiesto.

In questo modo il compratore capirà che la prima offerta non è considerata soddisfacente.

Se l'acquirente non andrà via subito, vorrà dire che è realmente interessato al tuo immobile.

In base al valore dell'immobile, ci possono essere anche più di una controfferta o miglioramenti delle condizioni temporali e/o degli anticipi.

Se non abbiamo fatto un buon lavoro in precedenza, può succedere che Il compratore NON sia qualificato.

Se senti che l'offerta non è adeguata, questo è l'ultimo momento in cui puoi assicurarti che il compratore sia in grado di sostenere il peso del mutuo che l'affare richiede.

Un compratore che deve fare mutuo può farti perdere un sacco di tempo.

Personalmente io non approvo le proposte vincolate al mutuo.

Domanda in che modo sono arrivati a proporre quella cifra e suggerisci di paragonare il tuo prezzo a quelli delle case in vendita nello stesso quartiere.

L'ideale sarebbe che tu sia già a conoscenza di ciò che c'è in vendita di simile nella tua zona.

Se è stata fatta una buona valutazione, questo problema ovviamente non si pone.

Infine assicurati che il contratto sia completo.

Per evitare problemi, assicurati che tutti i termini, i costi e le responsabilità siano riportati chiaramente nel contratto di vendita.

Il documento deve includere elementi come la data di stesura, i nomi delle parti coinvolte, l'indirizzo e i dati catastali della proprietà venduta, il prezzo di acquisto, dove saranno tenute le somme di deposito, la data di approvazione del prestito, la data e il luogo di chiusura della compravendita, il tipo di contratto, i dettagli che devono essere ancora stabiliti e quali beni non immobiliari sono inclusi (o meno) nella vendita.

Se stai pensando: utilizzo un modulo che trovo in cartoleria, che contiene tutto, stai molto attento perché alcuni non hanno valore legale e potresti ritrovarti con l'acquirente che ti richieda indietro la caparra perché ha trovato una casa migliore e se a tua volta hai bloccato un altro immobile diventerà un serio problema.

Resisti alla tentazione di non rispettare il contratto.

Ricordati che se hai incassato una caparra confirmatoria e vuoi svincolarti dalla proposta perché hai trovato chi ti offre di più, o hai deciso di non vendere più, sappi che dovrai restituirgli il DOPPIO.

Se il compratore chiede di trasferirsi PRIMA che la trattativa sia conclusa, rifiuta perché non hai incassato tutta la somma. L'unica cosa che puoi concedere in caso ti venga versata al preliminare una caparra sostanziosa, la possibilità di effettuare i lavori di ristrutturazione, ma non il POSSESSO.

Non bisogna mai fare azioni se non si conoscono le conseguenze o gli aspetti legali.

Pertanto ricorda assolutamente che ogni passaggio ed ogni tipo di accordo accessorio va indicato per iscritto.

Se ritieni soddisfacente la proposta ricevuta, andrai a firmare per accettazione e quando l'acquirente avrà ricevuto la comunicazione della proposta stessa, il documento diventerà un valido contratto di vendita e l'affare si potrà ritenere concluso.

A questo punto puoi incassare la caparra, con un assegno o un bonifico intestato a tuo nome, non contanti, e puoi procedere alla registrazione della proposta d'acquisto presso l'Agenzia delle Entrate. Naturalmente se non ci sono clausole sospensive.

Successivamente potrai iniziare ad impegnarti ad organizzare un eventuale preliminare o direttamente l'atto definitivo di compravendita.

Bisogna provvedere alla consegna di tutta la documentazione necessaria alla stipula dell'atto definitivo allo studio notarile incaricato. Puoi domandare direttamente allo studio notarile, che sceglierà l'acquirente, quali sono i documenti necessari e sottoponi tutte le domande del caso alla Banca, nell'ipotesi in cui l'acquirente faccia una richiesta di finanziamento.

Quindi se seguirai tutte le indicazioni che ti ho messo a disposizione con una opportuna dose di prudenza, un buon atteggiamento commerciale, un'acuta conoscenza di tutte le migliori strategie del caso, ma soprattutto con i validi consigli di un esperto del settore, la vendita della tua casa potrà rappresentare una redditizia e piacevole esperienza senza nulla da temere.

Perché scegliere un ottimo agente immobiliare?

Affidandoti a un'agenzia immobiliare avrai un servizio di consulenza a 360° legale, fiscale e catastale. L'agenzia immobiliare può dare una grande ed efficace visibilità al tuo immobile grazie a campagne pubblicitarie sui portali di settore, sapientemente studiate.

O ti affidi a un OTTIMO agente immobiliare oppure è meglio che fai da solo.

Ti assicuro che te ne accorgi subito di chi hai di fronte, dalla chiarezza, dalle competenze e dalla tranquillità che ti trasmetterà.

Nonostante tu possa fare tutto da solo, affidarsi a un ottimo agente immobiliare ti dà la possibilità di non avere pensieri e problemi di alcun tipo.

Come mi piace sempre dire: *"Ognuno fa il proprio mestiere"*

Potresti fare anche a meno del medico però ci vai, potresti fare a meno di andare al ristorante ma ci vai...

A questo punto è opportuno chiarire perché sia sempre meglio scegliere un agente immobiliare regolarmente abilitato, non dilettante o abusivo, in grado di collaborare con tanti agenti immobiliari, magari anche che aderisca ad associazioni di categoria (FIMAA, FIAIP, ecc).

Certamente NON è positivo collaborare con tanti agenti immobiliari perché saranno tante persone a parlare del tuo immobile, ma nessuno si impegnerà veramente nella vendita

Ma è ovvio che, una volta proposta la tua casa ai clienti presenti nella loro banca dati, non faranno niente più. Dovrai quindi sperare che entri qualche cliente a domandare proprio di quell'immobile perché di certo essi non andranno sicuramente ad investire in un piano di marketing professionale.

I vari agenti, non ritenendo il loro investimento tutelato, probabilmente nessuno di loro investirà soldi in pubblicità.

Magari al massimo ti potrà capitare che qualche agente metta la tua casa su qualche sito o su un portale immobiliare gratuito. Certamente si tratterà di una pubblicità negativa quando i potenziali acquirenti vedranno il tuo immobile sullo stesso sito e pubblicizzato da più agenzie.

Bisogna anche considerare la possibilità, nel caso si lavori con più agenti, che ciascuno di essi punti a battere la concorrenza, senza badare realmente alla opportunità di vendere il tuo immobile alle migliori condizioni.

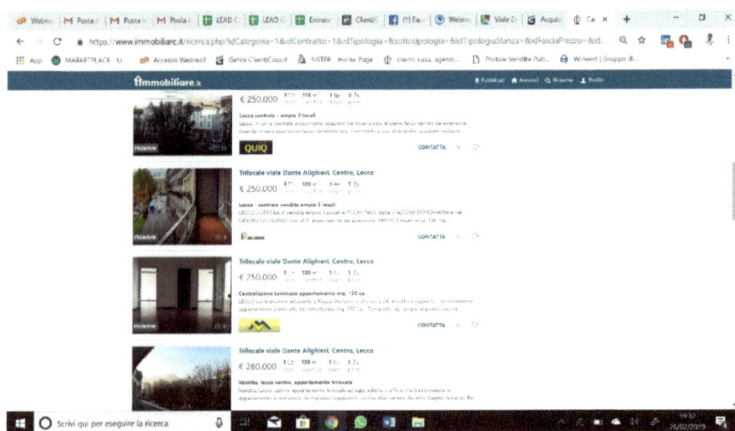

È facile evincere che l'immobile seguito da tanti agenti in realtà non sarà seguito bene da nessuno.

Il mio consiglio pertanto è di scegliere un solo mediatore professionista.

Pretendi dalla tua agenzia che ti dia il massimo anche in termini di marketing immobiliare, captando tutte le possibilità che offre in questo momento il mercato: confronta, valuta, chiedi referenze e numeri. Lavora con lui in sinergia per monitorare il prezzo della tua casa e venderla con la massima serenità e nel migliore dei modi.

Decidere di affidarsi a un Agente Immobiliare dev'essere una scelta accurata.

Secondo le varie associazioni nazionali degli Agenti Immobiliari, quasi due persone su tre di quelle intervistate che hanno venduto privatamente il loro immobile, non lo farebbero più per conto proprio, ma si affiderebbero a un professionista del settore.

Le principali motivazioni che i proprietari hanno dato agli intervistatori sono:

- ✓ La scelta del prezzo
- ✓ L'Incapacità di fare marketing
- ✓ Le responsabilità da assumersi nei confronti degli acquirenti
- ✓ I limiti di tempo per gestire la vendita
- ✓ L'impossibilità di dare garanzie
- ✓ Lo stress dovuto al coinvolgimento

Quando devi scegliere un Agente Immobiliare, prendine in considerazione due o massimo tre.

Diffida sia di quelli poco quotati sia di quelli che si mostrano "sbruffoni" o arroganti.

Con l'agente immobiliare dovrai trovare la giusta affinità, in quanto sarà il tuo partner e dovrà fare il meglio per te e per il tuo immobile.

Guarda il suo ufficio, l'educazione, come si pone, perché dovranno avere a che fare con lui i clienti che compreranno casa tua.

Accertati che sia aggiornato con i tempi. Se è rimasto all'età della pietra, probabilmente sarà pure bravo, ma sarà sicuramente poco efficace. Mi spiace per i colleghi, ma vedo in giro vetrine imbarazzanti, con cartelli ancora attaccati con le mollette o con scritto "CERCASI URGENTEMENTE APPARTAMENTI".

Un professionista, non può fare l'agente, il fotografo, il geometra e il segretario di se stesso.

Sicuramente e per fortuna gli Agenti Immobiliari non sono tutti uguali!

Un professionista conosce il mercato. Ha informazioni sulle vendite precedenti e sugli attuali listini ed è dotato di un piano marketing. Ti mette a disposizione le sue esperienze e le sue referenze.

Valuta attentamente ogni candidato considerando la carriera, le qualifiche, l'entusiasmo e la personalità. Fai attenzione e scegli qualcuno di cui ti fidi e che sicuramente farà un buon lavoro per te.

Se scegli di vendere da solo, puoi comunque consultare un Agente Immobiliare.

Molti sono disposti ad aiutare anche i venditori "fai-da-te", aiutandoli con la verifica e la stesura di documenti, contratti ecc.

Se si presentano dei problemi, avrai in loro un punto di riferimento da chiamare immediatamente.

Documenti necessari per la vendita della casa

Preparare tutta la documentazione relativa all'immobile serve per far sapere ad un potenziale acquirente che non avrà sorprese quando firmerà il contratto.

Il primo consiglio, che mi sento di dare al riguardo, è di fare tutte le verifiche del caso prima di sottoscrivere una proposta d'acquisto o addirittura un preliminare di compravendita.

Ovviamente questo passaggio si rende necessario in tutti i casi in cui tu non fossi seguito da un agente immobiliare, perché naturalmente, se tu ti affidassi a un mediatore, provvederà lui ad adempiere a tutte queste incombenze per te, come verificare e raccogliere la documentazione.

Farlo successivamente potrebbe comportare degli spiacevoli inconvenienti tra i quali, solo per fare un esempio, scoprire che l'immobile non può essere liberamente venduto o che esistono vincoli particolari, o problemi urbanistici, magari semplicemente una planimetria difforme dallo stato di fatto. La presenza di qualche impedimento ti renderebbe inadempiente nei confronti dell'acquirente e quindi, in caso di caparre già incassate, dovresti RESTITUIRE IL DOPPIO!!!

Ecco di seguito riportate le principali cose da controllare:

1. Leggere in maniera approfondita l'atto con cui l'immobile ti è pervenuto.
   Le parti fondamentali sono gli atti di fabbrica o la provenienza originale e la sezione urbanistica, in cui il notaio trascrive la storia di tutte le modificate catastali e urbanistiche denunciate in comune. L'attenta analisi dell'atto di provenienza garantisce una compravendita più sicura ed al riparo da ogni imprevisto
2. Esaminare con estrema cura tutte le planimetrie catastali e verificare la loro conformità con lo stato reale dell'immobile.
   Per esempio, va valutato che siano riportate tutte le finestre, le porte e va controllato che i muri non siano spostati rispetto a dove sono attualmente, va vagliato che il bagno sia accatastato come tale ecc. Nel caso tali planimetrie dovessero risultare non conformi allo stato di fatto, è necessario che tu faccia regolarizzare la situazione a tue spese entro il rogito notarile
3. Recuperare i certificati di conformità degli impianti dell'appartamento: elettrico, idrico e gas, il libretto della caldaia e l'Attestazione di Prestazione Energetica (APE), solo quest'ultimo obbligatorio ai fini della vendita
4. Fare o far fare le visure catastali e ipotecarie sugli immobili. Si possono richiedere direttamente alla competente Agenzia delle Entrate o ad un notaio o scaricarle da apposite piattaforme on-line. Esse consentono di verificare la presenza di vincoli o diritti di terzi quali ipoteche, prelazioni,

pignoramenti, usufrutti, comproprietari, ecc. che saranno poi da riportare nella proposta d'acquisto

5. Verificare con una richiesta di accesso agli atti la conformità urbanistica presso l'ufficio competente (spesso si chiama proprio "ufficio per l'urbanistica o per l'edilizia") presso il Comune di competenza, così da essere certo che l'immobile sia urbanisticamente conforme. Verifica con estrema precisione di particolari che l'immobile non abbia quindi abusi edilizi (ad es. stanze non dichiarate oppure finestre e porte che non risultino riportate nel progetto, ecc.)

6. Recuperare e rendere disponibili, l'ultimo consuntivo delle spese condominiali, ultimi due verbali di assemblea ordinaria, ultimo verbale di assemblea "straordinaria" e il regolamento di condominio. Questi documenti sono necessari, e direi obbligatori, ai fini della vendita per garantire alla parte venditrice le spese accessorie future a cui andrà incontro. Non a caso gli immobili con spese condominiali troppe alte rispetto alla media hanno sempre grande difficoltà nell'essere venduti.

Atto di compravendita

Il rogito notarile rappresenta l'atto definitivo di compravendita.

Esso si svolge obbligatoriamente da un notaio scelto generalmente dalla parte acquirente.

Prima dell'esecuzione di tale atto il notaio avrà già verificato la regolarità di tutti i documenti relativi all'immobile in merito alla situazione giuridica, urbanistica e fiscale dell'immobile che è oggetto del trasferimento di proprietà.

L'atto verrà firmato in sua presenza da tutte le parti coinvolta e contestualmente l'acquirente verserà al venditore la somma relativa al saldo del prezzo pattuito. Il notaio riceverà inoltre l'importo relativo alle spese per le imposte di registro ipotecarie e catastali nonché il proprio onorario relativo alla stipula.

Qualora l'acquirente si sia avvalso di un mutuo ipotecario, sarà contestualmente redatto anche la stipula dell'atto di mutuo, per effettuare l'acquisto dell'immobile.

Sempre dinanzi al notaio, dopo aver firmato l'atto e dopo il passaggio delle somme a saldo, arriva anche il fatidico momento della consegna delle chiavi dell'immobile alla parte acquirente. L'attimo tanto atteso è finalmente arrivato, sempre salvo accordi diversi tra le parti, presi in sede di proposta o di preliminare.

CONCLUSIONE

Carissimo,

Spero che questo Manuale ti possa essere d'aiuto per raggiungere i tuoi obiettivi nel momento in cui deciderai di vendere o comprare una casa.

Abbiamo già aiutato molte persone a vendere casa a Milano e provincia evitando di fargli perdere tempo e soldi inutilmente.

Chiamaci al numero 3245383769 oppure compila il modulo contatti sul nostro sito e ci incontreremo per capire se possiamo aiutare anche te.

http://valutazioneimmobiliaremilano.it

Sulla vendita e l'acquisto di immobili si potrebbero scrivere ovviamente numerosi libri, uno per ogni casualità.

Per questo motivo ti invitiamo a seguirci su http://blog-immobiliare.it in cui verranno pubblicati articoli e guide gratuite per aiutare tutte le persone come te che desiderano vendere e comprare casa.

Ci farebbe molto piacere ricevere anche un tuo breve commento su questa guida e puoi farlo scrivendoci una email a info@clienticasa.it

Buona Casa,

Charlie Cinolo

http://ClientiCasa.it

www.ingramcontent.com/pod-product-compliance
Lightning Source LLC
Chambersburg PA
CBHW040325010626
45792CB00024B/2129